Bibliografische Information der Deutschen Nationalbibliothek:

Die Deutsche Bibliothek verzeichnet diese Publikation in der Deutschen National-
bibliografie; detaillierte bibliografische Daten sind im Internet über http://dnb.d-
nb.de/ abrufbar.

Impressum:

Copyright © 2005 GRIN Verlag, Open Publishing GmbH
Druck und Bindung: Books on Demand GmbH, Norderstedt Germany
ISBN: 978-3-668-22084-3

Dieses Buch bei GRIN:

http://www.grin.com/de/e-book/133432/entwicklung-einer-datenbank-fuer-prue-
fungsaufgaben-im-fach-betriebswirtschaftslehre

Katrin Abele

Entwicklung einer Datenbank für Prüfungsaufgaben im Fach Betriebswirtschaftslehre mit Rechnungswesen

GRIN Verlag

GRIN - Your knowledge has value

Der GRIN Verlag publiziert seit 1998 wissenschaftliche Arbeiten von Studenten, Hochschullehrern und anderen Akademikern als eBook und gedrucktes Buch. Die Verlagswebsite www.grin.com ist die ideale Plattform zur Veröffentlichung von Hausarbeiten, Abschlussarbeiten, wissenschaftlichen Aufsätzen, Dissertationen und Fachbüchern.

Besuchen Sie uns im Internet:

http://www.grin.com/

http://www.facebook.com/grincom

http://www.twitter.com/grin_com

Staatl. Berufsoberschule XXX   Schuljahr 2005/2006

XXX

XXX

Seminararbeit im Fach Wirtschaftsinformatik

Thema:

Entwicklung einer Datenbank für Prüfungsaufgaben im Fach Betriebswirtschaftslehre mit Rechnungswesen

Verfasserin: Abele Katrin   Lehrkraft: XXX

Klasse: BW 13 b   Abgabetermin: 17.10.2005

Vorwort

Die vorliegende Seminararbeit behandelt das Thema „Entwicklung einer Datenbank für Prüfungsaufgaben im Fach Betriebswirtschaftslehre mit Rechnungswesen". Die Vorgehensweise des Entwickelns wird mit Hilfe von Abschlussprüfungsaufgaben verdeutlicht.

Die erstellten Tabellen in dieser Seminararbeit basieren auf Daten aus dem Buch des STARK-Verlages „Abschluss-Prüfungsaufgaben zum Erwerb der Fachhochschulreife in dem Fach BWR" und wurden entsprechend angepasst, jedoch inhaltlich nicht verändert. Aus diesem Grund wird der Inhalt der Tabellen nicht weiter bibliographiert. Es werden nur die Prüfungen der Jahre 2000 bis 2004 berücksichtigt

Auf Grund des komplexen Themas der Datenbanken wird zum Verständnis der Seminararbeit elementares Grundwissen aus der Informatik vorausgesetzt. Alle Grundbegriffe in der Seminararbeit zu erläutern, würde deren Rahmen sprengen, deshalb werden nur speziell ausgesuchte Begriffe im Glossar erklärt.

Inhaltsverzeichnis

1. Definition des Datenbankbegriffs

Laut Wolfgang Braun versteht man unter einer Datenbank „ein System zur Beschreibung, Speicherung und Wiedergewinnung von umfangreichen Datenmengen. Außerdem wird bei der Entwicklung einer Datenbank das Ziel angestrebt einen Ausschnitt der realen Welt abzubilden, das heißt Teile unserer Umgebung mit Daten zu beschreiben."[1] Im Gegensatz dazu wird der Datenbankbegriff in einem Praxis-Skript folgendermaßen definiert: „Eine Datenbank ist eine Sammlung von Informationen, die durch ihre Struktur das Wiederfinden von Informationen erleichtert."[2] Eine dritte Definition beschreibt die Datenbank meiner Meinung nach am anschaulichsten, nämlich als eine elektronische Form eines Karteikastens. Es handelt sich um eine Sammlung von Daten, die miteinander in Beziehung stehen und stets aktualisiert werden. Übersichtliches Suchen, Korrigieren, Sortieren und Bearbeiten von vielen unterschiedlichen Daten wird hier ermöglicht.[3] An diesen drei Definitionen wird erkennbar, wie unterschiedlich der Datenbankbegriff erklärt werden kann, jedoch erweist sich jede dieser Definitionen als richtig. Diese Seminararbeit behandelt nur die relationale Datenbank, eine von vielen verschiedenen Datenbanktypen. Der Vorgang der Entwicklung einer relationalen Datenbank wird in vier verschiedene Phasen unterteilt, die Externe, Konzeptionelle, Logische und Physische Phase. In der Regel wird mit der Externen Phase begonnen.

2. Externe Phase

In der Externen Phase beschäftigt sich der Datenbankentwickler mit der Ermittlung des Informationsbedarfs der Benutzer und der sinnvollen Strukturierung der dabei gesammelten Informationen. Im Fall der Prüfungsdatenbank sind diese Informationen die gegebenen Aufgaben der Abschlussprüfungen.

---

[1] **Braun, Wolfgang**, Methodisch-didaktische Vorüberlegungen bei der Erstellung einer Datenbank Teil 1, in: Winklers Flügelstift, 1. Quartal 2003, Heft 1, S.20
[2] **Noack, W.**, (Hrsg.), Access 2000. Grundlagen für Datenbank-Entwickler, Hannover [3] 2001
[3] vgl. **BPX@Dalla Vecchia** GmbH. BPX – Best Practice Experts – Glossar <D> http://www.bpx.ch/glossar/glossar_d.htm (09.10.05)

2.1 Informationsbedarf der Benutzer

Um eine Datenbank mit Informationen füllen zu können, muss - wie bereits erwähnt- zu Beginn der Bedarf der Informationen der Benutzer ermittelt werden. In der zu erstellenden Datenbank in dieser Seminararbeit geht es um eine Datenbank mit Prüfungsaufgaben im Fach Betriebswirtschaftslehre mit Rechnungswesen (BWR). Somit ist der Informationsbedarf der Benutzer schnell ermittelt. Der Benutzer möchte beispielsweise Prüfungen zum Bereich Marketing üben und soll mit Hilfe der Datenbank schnell an die entsprechenden Prüfungsaufgaben gelangen. Will er jedoch eine Aufgabe über das Thema Produktmix üben so muss er ebenso schnell an die entsprechende Aufgabe gelangen können. Zusammenfassend gesagt ist der Informationsbedarf des Benutzers, dass er zu einem von ihm ausgewählten Thema aus der BWR mit Hilfe der Datenbank erfährt, in welcher Untergruppe, Aufgabengruppe und Aufgabe der Abschlussprüfungen das Thema vorliegt.

2.2 Ermittlung der Informationsstruktur

Die Informationsstruktur ist eine übergreifende Möglichkeit, alle Informationen in einer Organisation zu gliedern und zu klassifizieren.[4]
Wie bereits unter 2.1 beschrieben, werden die Informationen in Input und Output geteilt. Input sind Daten die in die Datenbank eingegeben werden, Output heißt beschriebt die Daten, welche der Benutzer als Ergebnis erhält.
Um zur Informationsstruktur zu gelangen gibt es zwei unterschiedliche Entwicklungsprozesse:

- Top-Down-Ansatz: (wörtlich: von oben nach unten)
  Der Entwurf beginnt mit abstrahierten Objekten, die dann konkretisiert, also schrittweise verfeinert werden.[5] Dieser Ansatz wird auch globales Datenmodell genannt.

- Bottom-Up-Ansatz: (wörtlich: von unten nach oben)
  Das Gesamtkonzept wird durch das Verbinden von vielen kleinen

---

[4] vgl. **DMSBASICS** – Strukturierung der Informationslandschaft, Tremba, Rudolf [Stand:26.09.05]
http://www.dmsbasics.de/information/infostruktur.htm (11.07.05)
[5] vgl. **Bullhost.de**, Malfitano, Giovanni, Neuss
http://www.bullhost.de/t/top-down-methode.html (26.07.05)

Untereinheiten realisiert.[6]

Dieser Ansatz beschreibt ein anwendungsorientiertes Datenmodell. Für die Entwicklung der Prüfungs-Datenbank erscheint mir der Bottom-Up-Ansatz sinnvoller, da von dem konkreten Bedarf des Benutzers ausgegangen wird.

3. Konzeptionelle Phase

Die 2. Phase in der Datenbankentwicklung ist die Konzeptionelle Phase. Hier beschäftigt man sich damit, die logische Gesamtstruktur der Daten, ihre Eigenschaften und Beziehungen untereinander zu beschreiben[7]. Dies geschieht mit Hilfe des semantischen Datenmodells.

3.1   Erläuterung des semantischen Datenmodells

„Bei der Entwicklung einer Datenbank ist ein Ziel, einen Ausschnitt aus der realen Welt abzubilden, in diesem kleinen Ausschnitt existieren eine Vielzahl von Objekten wie z.B. Personen, Produkte oder Dienstleistungen. Diese stehen in unterschiedlichen Beziehungen zueinander. Zur Organisation dieser Objekte bedient man sich sog. semantischen Datenmodellen."[8] Das semantische Datenmodell kann folgendermaßen definiert werden: „Bedeutung (Semantik) der Informationen durch die Definition von Entitäts- und Beziehungstypen mit einem formalen Hilfsmittel beschreiben, z.B. mit dem Entity-Relationship-Modell". [9]

3.2   Entity-Relationship-Modell

Das Entity-Relationship-Modell, kurz ER-Modell wurde von Peter Pi-Shan Chen 1976 entworfen[10] und Ende der „70er Jahre von Wong und Katz weiter-

---

[6] vgl. **Bullhost.de**, Malfitano, Giovanni, Neuss
http://www.bullhost.de/b/bottom-up-methode.html (26.07.05)
[7] vgl. **Debacher, Uwe**, Datenbankentwicklung [Stand: 07.05.99]
http://www.debacher.de/datenbanken/datenbank.htm (08.09.05)
[8] **Braun**, a. a. O., S.20
[9] vgl. **Staatliche BOS Nürnberg**, Berufsoberschule für Technik und Wirtschaft, Starke, Wolf
http://www.fen-net.de/bos-nuerberg/Downloads/Relationale_Datenbanken.ppt (17.09.05)
[10] vgl. **Braun**, a. a. O., S. 20

entwickelt"[11]. Diese Art Modell hilft dem Entwickler die Komplexität, welche die Realität mit sich bringt zu reduzieren. Das ER-Modell ist der graphische Entwurf der Datenbank, hier werden alle wesentlichen Elemente und Beziehungen zwischen diesen Elementen dargestellt. Die Grundelemente des ER-Modells sind Entities, Attribute und Beziehungen:

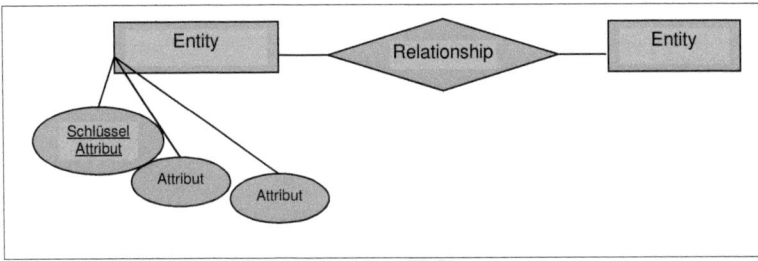

Abb.1. Allgemeines ER-Diagramm

3.2.1 Entity

Entität – dargestellt als Rechteck

Ein in der realen Welt existierendes eindeutig identifizierbares Objekt (z. B. Abschlussprüfung) nennt man Entity. Entities werden durch Eigenschaften (Attribute) repräsentiert.[12]

3.2.2 Relationship

Beziehung – dargestellt als Raute

Sie repräsentieren Beziehungen zwischen Entities zweier oder mehrerer Entity-Typen. Den Beziehungen können ebenfalls Eigenschaften zugeordnet werden.[13]

3.2.3 Attribut

Eigenschaft – dargestellt als Ellipse

Entities werden durch eine Menge von Attributen genauer beschrieben, d.h. Attribute sind die Eigenschaften von Entities oder Relationships. Attribute die eine Entity identifizieren heißen Schlüsselattribute und werden als Ellipse mit

---

[11] **FH-Merseburg**, Übung Datenbanken. Einheit 4, Neumann, Tobias, Neumann, Gabriel
http://www.in.fh-merseburg.de/~neumannt/skripte/Einheit4.pdf (17.09.05)
[12] vgl. **Uni Würzburg**, Vorlesung Datenbanken, Seipel, Dietmar
http://www-info1.informatik.uni-wuerzburg.de/database/courses/db_ss2005/_datenbanken_1_bis_9.pdf
(17.09.05)
[13] vgl. **FH-Merseburg**, a. a. O.

8

unterstrichenem Namen dargestellt.[14] Einer der Schlüsselkandidaten einer Tabelle hat die Rolle des Primärschlüssels. Dieser Primärschlüssel dient dazu, Datensätze in einer Tabelle eindeutig zu identifizieren. Wenn ein Primärschlüssel in einer anderen Tabelle auftaucht, nennt man ihn dort Fremdschlüssel. Sie werden verwendet um Beziehungen zwischen den Tabellen darzustellen.[15]

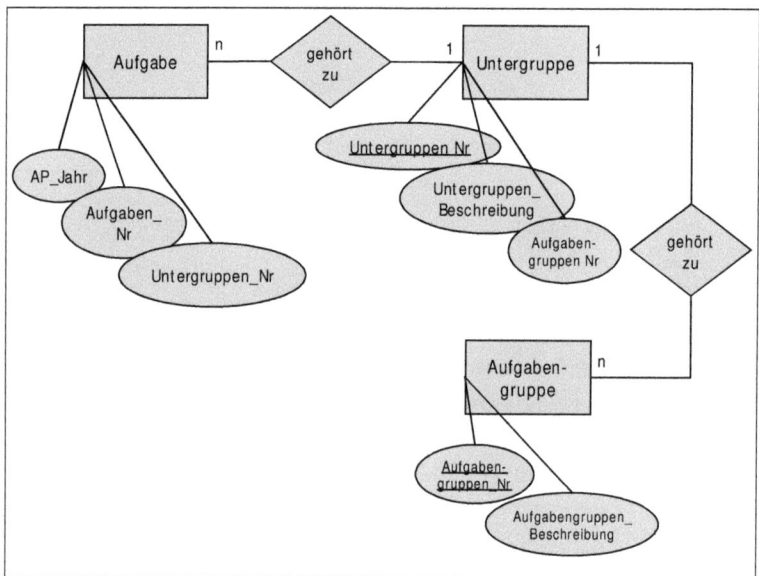

Abb.2: ER-Diagramm der Prüfungs-Datenbank

Zwischen den einzelnen Entitäten z.B. „Aufgabe" und „Untergruppe" besteht eine Beziehung. Es lassen sich prinzipiell drei Beziehungstypen darstellen:

1:1-Beziehung:

Einer Entitätsmenge A ist genau ein Wert der Entitätsmenge B zugeordnet, vereinfacht bedeutet dies: „zu jedem Objekt von A gibt es genau ein Objekt B und umgekehrt"[16].

---

[14] vgl. **Richard-Wossidlo-Gymnasium** Ribnitz-Damgarten, Fachbereich Informatik. Grundbegriffe – Schlüssel, Hempel, Tino
http://www.tinohempel.de/info/info/datenbank/schluessel.htm (26.09.05)
[15] vgl. **Braun**, a. a. O. , S.21
[16] a. a. O., S.22

1:n-Beziehung:

Zwischen zwei Entitäten A und B besteht eine 1:n-Beziehung, wenn gilt: Zu einer Entität von A gibt es *ein oder mehrere* Entitäten von B; umgekehrt gibt es zu jeder Entität von B nur eine Entität von A[17].

n:m-Beziehung:

„Zwischen zwei Entitäten A und B besteht eine n:m-Beziehung, wenn gilt: Zu jeder Entität von A gibt es ein oder mehrere Entitäten von B und umgekehrt."[18]

Auf die Prüfungsdatenbank übertragen ist die Beziehung zwischen der Entität „Aufgabe" und „Untergruppe" eine n:1-Beziehung: Viele Aufgaben befinden sich in einer Untergruppe und eine Untergruppe umfasst viele Aufgaben. Zwischen der Entität „Untergruppe" und „Aufgabengruppe" gibt es ebenfalls eine n:1-Beziehung: Viele Untergruppen beschreiben eine Aufgabengruppe und eine Aufgabengruppe besteht aus vielen Untergruppen.

4. Logische Phase

Die logische Phase beinhaltet die Übertragung des semantischen Datenmodells in ein logisches Datenmodell[19]. Hier gibt es die Auswahl zwischen dem hierarchischen Modell, dem Netzwerkmodell oder dem relationalen Datenmodell.

4.1 Relationales Datenmodell

„Das am häufigsten verwendete Datenmodell ist das von Codd in den 70er Jahren entwickelte relationale Datenmodell."[20]
Die meisten Datenbank-Management-Systeme (DBMS) bauen auf das relationale Datenmodell auf. Auch ein logisches Datenmodell beschreibt die Entity-Typen und ihre Beziehungen untereinander. Das relationale Datenbankmodell verwendet zweidimensionale Tabellen zur Darstellung des Realitätsausschnittes. Alle Objekte können durch diese Tabellen anschaulich und voll-

---

[17] vgl. ebd.
[18] ebd.
[19] vgl. **Staatliche BOS Nürnberg**, a. a. O.
[20] **Fachhochschule Deggendorf**, IT-Kompaktkurs, Herde, Georg
http://www.mplusr.de/00016_00048_it_kompaktkurs_5.htm (26.09.05)

ständig beschrieben werden.[21] Zusammenhängende Daten (z.b. Aufgaben) werden in elementare Beziehungen (z.b. Aufgabe, Untergruppe und Aufgabengruppe…) aufgelöst. Letztendlich ergeben sich daraus einfache Tabellen, die über Schlüsselelemente miteinander verbunden werden.[22] Die Spalten der Tabellen entsprechen den Attributen, diese sind durch ihre Namen eindeutig identifizierbar, „Zeilen entsprechen den Entitäten, die Anordnung der Zeilen innerhalb der Tabelle ist beliebig."[23]

Bei der Umsetzung des ER-Modells in ein Relationales Modell ändern sich die Bezeichnungen der unterschiedlichen Elemente und Beziehungen. Die Zusammenhänge sind in nachstehender Tabelle aufgeführt.

Tab.1: Vergleich relationales und ER-Modell [24]

Entity-Relationship-Modell	Relationales Modell	Beschreibung
Name des Entitätstyps	Relationsname	Name der Tabelle
Attribut	Attribut	Spalte einer Tabelle
Entitätstyp	Relationsschema	Menge von Attributen
Entität	Tupel	Zeile einer Tabelle
Entitätsmenge	Relation	Menge aller Zeilen

4.2 Abbildung des semantischen Datenmodells auf ein logisches Datenmodell

Nach der Konstruktion des konzeptionellen Datenmodells (z.B. ER-Modell) wird dieses in die Schreibweise eines bestimmten logischen Datenmodells überführt, z.B. das relationale Datenmodell.

---

[21] vgl. **Eberhard Karls Universität** Tübingen, Wirtschaftswissenschaftliche Fakultät. Basiswissen Wirtschaftsinformatik 1. Betriebswirtschaftliche Grundlagen, Jahnke, Bernd http://www.uni-tuebingen.de/wi/lehre/lehrveranstaltungen/basiswissen/downloads/pdf/Skript_BW1_151204.pdf (26.09.05)
[22] vgl. **Kleinlein, Meier, et. al.** , EDV-Grundwissen, Eine Einführung in Theorie und Praxis der modernen EDV, München [5]1999, S.362
[23] **Richard-Wossidlo-Gymnasium** Ribnitz-Damgarten, Fachbereich Informatik. Datenbankmodelle – Relationales Modell, Hempel, Tino http://www.tinohempel.de/info/info/datenbank/codd.htm (20.09.05)
[24] ebd.

Bei der Abbildung gilt es einige Grundregeln zu beachten:

1. Entitätstypen:
   - ➤ Jeder Entitätstyp wird in ein eigenes Relationsschema (Tabelle) abgebildet
   - ➤ Schlüssel werden kenntlich gemacht

2. Beziehungstypen:
   - ➤ Jeder Beziehungstyp wird in ein eigenes Relationsschema abgebildet
   - ➤ Die Primärschlüssel der beiden beteiligten Entitätstypen werden zu zusätzlichen Attributen des Relationsschemas
   - ➤ Der Schlüssel des Relationsschemas bildet sich in Abhängigkeit vom Assoziationstyp wie folgt[25]:

Tab. 2: Grobklassifikation[26]

Assoziationstyp	Schlüssel
1:1	einer der Primärschlüssel der beiden beteiligten Entitätstypen
1:n	der Primärschlüssel des zweiten Entitätstyps (also der "n-Entität")
n:m	beide Primärschlüssel der beteiligten Entitätstypen

Bei der Umsetzung in ein relationales Datensystem ist eine n:m-Beziehung in Tabellenform nicht direkt darstellbar. Sie muss in 1:n-Beziehungen aufgelöst werden, wozu eine Verbindungstabelle zu erstellen ist.

Im Relationenmodell nimmt dabei die Tabelle, mit der die n:m-Beziehung aufgelöst wird die Primärschlüssel der beiden anderen Tabellen als Fremdschlüssel auf. Die beiden Schlüssel zusammen ergeben den Primärschlüssel in der Verbindungstabelle[27]

Nach der Umsetzung vom ER-Modell zum relationalen Datenmodell entstehen bei der Prüfungsdatenbank folgende drei Tabellen:

---

[25] vgl. **Richard-Wossidlo-Gymnasium**, a. a. O.
   http://www.tinohempel.de/info/info/datenbank/erm2codd.htm (24.09.05)
[26] ebd.
[27] vgl. **Braun**, a. a. O., S.22

Tab.3: AUFGABE

Abschlussprüfungsjahr	Aufgaben_Nr	Untergruppen_Nr
2000	6.2	U7
2003	4.1	U10
2001	1	U12
2001	2.3	U1
...	...	...

Tab.4: UNTERGRUPPEN_NR

Unter-gruppen_Nr	Untergruppen_Beschreibung	Aufgaben-gruppen_Nr
U1	Ein- und Verkauf im Bereich des Umlauf-vermögens	A1
U2	Jahresgesamtverbrauch an Stoffen	A1
U3	Bestandsveränderung an fertigen und unfertigen Erzeugnissen	A1
...	...	...

Tab.5 : AUFGABENGRUPPEN_NR

Aufgabengruppen_Nr	Aufgabengruppen_Beschreibung
A1	Geschäftsbuchführung incl. Jahresabschluss
A2	Kosten- und Leistungsrechnung
A3	Marketing

5. Normalisierung

Die Relationen einer konkreten Datenbankanwendung lassen sich auf zwei Wege erzeugen:

1. über die Schrittfolge: konzeptioneller → logischer → physischer Entwurf, also Diskurs → ER-Modell → relationales Modell → Datenbank

2. über die Normalisierung einer Relation, die alle für die Datenbank relevanten Attribute enthält.

→ „Die Normalisierung ist eine weitere Möglichkeit, relationale Datenbanken zu erhalten."[28]

Die Einhaltung der Integritätsbedingungen bei einem relationalen Datenbanksystem erzwingt bestimmte Anforderungen an die Form der Tabellen. Der Weg dahin wird Normalisierung genannt. Am Ende der Normalisierung stehen Relationen, die einer vorgegebenen Normalform entsprechen. Je höher die gewählte Normalform (NF), desto größer die Anforderung an die innere Struktur der Relation. Kurz gesagt bezweckt die Normalisierung verschiedene Ziele: [29]

- *Eliminieren von Redundanzen (mehrfaches Speichern von Daten)*
- *Vermeiden von Dateninkonsistenz (Unstimmigkeit der Daten untereinander)*
- *Vermeiden von Unstimmigkeiten, wenn Daten geändert, eingefügt oder gelöscht werden[30]*

Es werden im Regelfall Datenbanken bis zur 3. NF normalisiert, es gibt jedoch 5 Normalformen und die Normalform Boyce-Codd. [31]

5.1 Erste Normalform

Um die erste Normalform (1. NF) zu erreichen müssen die Attribute den Relationen so zugeordnet werden, dass innerhalb der Relation keine Redundanz auftritt. Die 1. NF liegt vor, wenn jede Spalte einer Tabelle unterteilbare (atomare) Informationen enthält, die nicht auch zu einer separaten Gruppe zusammengefasst werden können. [32]

Im Fall der Prüfungs-Datenbank sieht die Tabelle in der 1. Normalform folgendermaßen aus:

---

[28] **Moser, Wilhelm,** Daten- und Informationstechnologie, Wien (05.10.05)
http://www.moser-willi.at/doc/howto/docs/datenbankdesign_normalformen/index.html
[29] vgl. **Oberstufenzentrum Handel I,** Berufliches Gymnasium - Wirtschaftsgymnasium - Abteilung V, Spolwig, Siegfried [Stand: 30.05.05]
http://www.oszhdl.be.schule.de/gymnasium/faecher/informatik/datenbanken/normal/normalisierung.htm (05.10.05)
[30] vgl. **Kleinlein, Meier, et. al.,** a. a. O., S.364
[31] vgl. **Richard-Wossidlo-Gymnasium,** a. a. O.
http://www.tinohempel.de/info/info/datenbank/normalisierung.htm (06.10.05)
[32] vgl. **Oberstufenzentrum Handel I,** a. a. O. [Stand: 02.08.05]
http://www.oszhdl.be.schule.de/gymnasium/faecher/informatik/datenbanken/normal/norm_01.htm (06.10.05)

Tab. 6: Erste Normalform der Prüfungsdatenbank

Abschlussprüfungsjahr	Aufgabe	Untergruppe	Aufgabengruppe
2000	6.2	Jahresabschluss	Geschäftsbuchführung incl. Jahresabschluss
2003	4.1	Kostenträgerrechnung	Kosten- und Leistungsrechnung
2001	1	Produktmix	Marketing
2001	2.3	Ein- und Verkauf im Bereich des Umlaufvermögens	Geschäftsbuchführung incl. Jahresabschluss
...	...	...	...

Die 1. NF weist Redundanzen auf. Die Datensätze in den Spalten Abschluss-prüfungsjahr, Aufgabe, Untergruppe und Aufgabengruppe treten doppelt auf (z.B. Geschäftsbuchführung incl. Jahresabschluss), außerdem enthält sie folgende voneinander unabhängige Sachgebiete: Abschlussprüfungsjahr und Aufgabengruppe.

5.2 Zweite Normalform

Um die zweite Normalform (2. NF) zu erreichen müssen Teilschlüssel und die zugehörigen Informationen in eigene Tabellen nach Sachgebieten ausgelagert werden bzw. separate Entitätstypen mit eigenem Schlüssel gefunden werden. Beim Auslagern durch entsprechende Beziehungen ist darauf zu achten, dass Informationen nicht verloren gehen.

Folgende Tabellen weisen die 2. NF der Prüfungsdatenbank auf:

Tab. 3: AUFGABE

Abschlussprüfungsjahr	Aufgaben_Nr	Untergruppen_Nr
2000	6.2	U1
2003	4.1	U10
2001	1	U12
2001	2.3	U1
...	...	...

Tab. 7: UNTERGRUPPEN_NR mit AUFGABENGRUPPEN_BESCHREIBUNG

Unter-gruppen_Nr	Untergruppen_Beschreibung	Aufgabengruppen_Beschreibung
U1	Ein- und Verkauf im Bereich des Umlaufvermögens	Geschäftsbuchführung incl. Jahresabschluss
U2	Jahresgesamtverbrauch an Stoffen	Marketing
U3	Bestandsveränderung an fertigen und unfertigen Erzeugnissen	Marketing
...	...	...

Eine Tabelle hat die 2. NF erreicht, wenn:

- die 1. NF eingehalten ist

- jedes Nichtschlüsselattribut voll funktional abhängig vom Primärschlüssel ist.[33]

5.3 Dritte Normalform

Um die dritte Normalform (3. NF) zu erhalten müssen alle transitiven Abhängigkeiten durch Teilen der Tabellen in mehrere Relationen, in denen alle Nicht-Schlüsselfelder direkt vom gesamten Schlüsselfeld abhängig sind, entfernt werden. „Sobald ein Nicht-Schlüsselfeld nur über ein anderes Nicht-Schlüsselfeld identifizierbar ist, wird von transitiver Abhängigkeit gesprochen. Transitive Abhängigkeiten verursachen ebenfalls Datenredundanz und – inkonsistenz."[34]

In den folgenden Tabellen wird die 3. NF der Prüfungsdatenbank ersichtlich:

Tab. 3: AUFGABE

Abschlussprüfungsjahr	Aufgaben_Nr	Untergruppen_Nr
2000	6.2	U1
2003	4.1	U10
2001	1	U12
2001	2.3	U1
...	...	...

[33] vgl. **Oberstufenzentrum Handel I**, a. a. O. [Stand: 02.08.05] http://www.oszhdl.be.schule.de/gymnasium/faecher/informatik/datenbanken/normal/norm_02.htm (06.10.05)
[34] **Noack**, a. a. O., S. 178

Tab. 4: UNTERGRUPPEN_NR

Unter-gruppen_Nr	Untergruppen_Beschreibung	Aufgaben-gruppen_Nr
U1	Ein- und Verkauf im Bereich des Umlauf-vermögens	A1
U2	Jahresgesamtverbrauch an Stoffen	A1
U3	Bestandsveränderung an fertigen und unfertigen Erzeugnissen	A1
...	...	...

Tab. 5: AUFGABENGRUPPEN_NR

Aufgabengruppen_Nr	Aufgabengruppen_Beschreibung
A1	Geschäftsbuchführung incl. Jahresabschluss
A2	Kosten- und Leistungsrechnung
A3	Marketing

Eine Relation befindet sich in der 3. NF, wenn

„- sie in der zweiten Normalform ist

- die Nichtschlüsselattribute voneinander nicht funktional abhängig sind, d.h. es existieren keine transitiven Abhängigkeiten."[35]

6. Physische Phase

Die Externe Phase beinhaltet die Beschaffung der Informationen. Während die konzeptionelle Phase, als reine Strukturbeschreibung des Realitätsausschnitts, noch unabhängig vom gewählten Datenmodell und dem spezifischen Datenbankmanagementsystem ist, wird bei der logischen Phase das gewünschte Datenmodell bestimmt. Die Physische Phase „als letzte Phase ist dann nicht nur bezüglich des Datenmodells, sondern auch bezüglich eines speziellen Datenbankmanagementsystems (DBMS) festgelegt."[36] Im Fall der Prüfungs-Datenbank wird als DBMS Access verwendet.

[35] **Richard-Wossidlo-Gymnasium** Ribnitz-Damgarten, a. a. O.
[36] **Humboldt-Universität** zu Berlin 1997, Fühles-Ubach, Simone
http://www.ib.hu-berlin.de/~wumsta/ubach/kap4_1.htm (06.10.05)

7. Praktische Anwendungen

Nach dem erfolgreichen Entwickeln und Implementieren einer Datenbank, kann der Datenbank-Anwender und -Entwickler diese auf verschiedene Art und Weise nutzen. Bei der Prüfungsdatenbank kann der Datenbank-Entwickler beispielsweise neue Datensätze anlegen oder bereits eingegebene verändern. Der Datenbank-Anwender (es gilt die Annahme dass dies ein Schüler ist) kann aus der Datenbank Informationen bzw. Aufgaben zu einem bestimmten Prüfungsthema suchen. In der Objektkategorie Tabellen befinden sich die drei Tabellen, „AUFGABE", „UNTERGRUPPE" und „AUFGABENGRUPPE". Auf diese Tabellen bauen die anderen Objekte auf, d.h. sie verwenden die Informationen aus diesen Tabellen.

7.1 Formular zur Erfassung neuer Abschlussprüfungen

Damit die Prüfungsdatenbank stets auf dem aktuellen Stand ist, muss diese mindestens jedes Jahr mit den neuen Prüfungsaufgaben aktualisiert werden. Um dem Datenbank-Entwickler die Eingabe der Aufgaben in die Datenbank zu erleichtern gibt es Formulare. In Tabellen können die Einstellungen der Schriftart- und farbe nur für die gesamte Tabelle definiert werden. Ein Formular dagegen kann ganz individuell gestaltet werden.[37] Die Eingabe der Prüfungen wird in einem Formular dahingegen erleichtert, dass beispielsweise die Unter-gruppe nicht eingetippt werden muss, sondern an Hand eines Drop-Down-Menüs ausgewählt werden kann. Dadurch werden Inkonsistenzen vermieden. Nach der Auswahl der Untergruppe erscheint in dem Eingabeformular sofort die zugewiesene Aufgabengruppe, somit spart der Entwickler Zeit, da er die Aufgabengruppe nicht eingeben muss. Um ein solches Formular zu erstellen gibt es in Access die Möglichkeit den Formular-Assistenten zu benutzen. Mit Hilfe dieses Assistenten kann in kürzester Zeit ein individuell gestaltetes Formular, basierend auf Tabellen oder Abfragen, erstellt werden.

---

[37] vgl. **Noack**, a. a. O., S.150

Das Formular der Prüfungsdatenbank besteht aus einem Hauptformular und zwei Unterformularen. Die Erfassung der neuen Aufgaben erfolgt im Hauptformular, die Unterformulare dienen nur zur Verknüpfung. Auf der Abbildung 3 ist das Formular zur Eingabe neuer Abschlussprüfungen zu sehen.

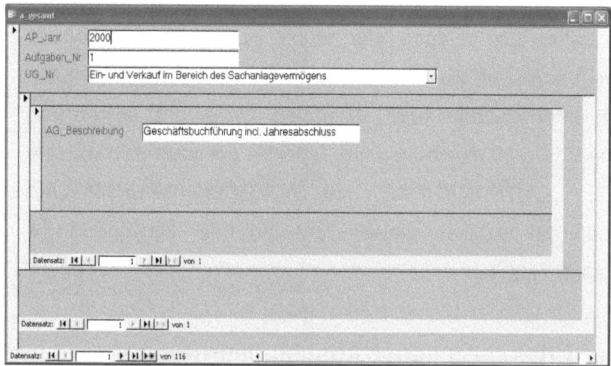

Abb. 3: Formular zur Eingabe neuer Abschlussprüfungen

7.2 Abfragen

Eine Abfrage kann aus einer oder mehreren Tabellen zeilenweise und/oder spaltenweise erstellt werden. Die Daten, die bestimmte Kriterien erfüllen, werden in einem Dynaset zusammengefasst und als Abfrage gespeichert. Ein Dynaset ist eine „dynamische Tabelle, in der nur die Daten der aktuellen Abfrage angezeigt werden (Abfrageergebnis)"[38]. So kann die Abfrage jederzeit wieder gestartet werden und es erfolgt jeweils eine neue Auswertung der Daten.[39] Access bietet mehrere Abfragearten an, für die Prüfungsdatenbank werden jedoch nur die Auswahlabfrage und die Parameterabfrage benötigt. Mit einer Abfrage können Daten aus einer oder mehreren Tabellen zusammengeführt werden. Für die Prüfungsdatenbank bedeutet das folgendes: Der Benutzer erhält mit der vorhandenen Prüfungsdatenbank, nach Eingabe verschiedener Kriterien die Prüfungsaufgaben, welche die eingegebenen Eigenschaften besitzen. Wählt der Schüler beispielsweise die Abfrage „Auswahl_nach_Untergruppe", wird er nach dem Parameter - hier ist es die Untergruppe - gefragt. Wenn er diese eingibt und bestätigt bekommt er auf dem

---

[38] a. a. O., S. 128
[39] vgl. a. a. O., S.116

Bildschirm alle Prüfungsaufgaben, in welchen diese Untergruppe relevant ist: Ein Beispiel nach der Eingabe der Untergruppe „Jahresabschluss" ist auf Abbildung 4 zu sehen.

AP_Jahr	Aufgaben_Nr	UG_Beschreibung	AG_Beschreibung
2000	6.2	Jahresabschluss	Geschäftsbuchführung incl. Jahresabschluss
2001	6.1	Jahresabschluss	Geschäftsbuchführung incl. Jahresabschluss
2002	7.1	Jahresabschluss	Geschäftsbuchführung incl. Jahresabschluss
2002	7.2	Jahresabschluss	Geschäftsbuchführung incl. Jahresabschluss
2002	7.3.1	Jahresabschluss	Geschäftsbuchführung incl. Jahresabschluss
2003	7.1	Jahresabschluss	Geschäftsbuchführung incl. Jahresabschluss
2004	6.2	Jahresabschluss	Geschäftsbuchführung incl. Jahresabschluss

Abb. 4: Parameterabfrage-Untergruppe Jahresabschluss

Ebenso sind durch die Prüfungsdatenbank Parameterabfragen nicht nur nach der Untergruppe, sondern auch nach der Aufgabengruppe, dem Jahr oder selbst alle drei Eigenschaften kombiniert möglich.

7.3 Sonstige Möglichkeiten zur praktischen Anwendung

Neben den Abfragen, die der Schüler benutzen kann, gibt es noch Berichte. Durch einen Bericht besteht die Möglichkeit, die Daten als gedrucktes Dokument darzustellen. Die Daten können beliebig aus einer oder mehreren Tabellen zusammengestellt, gruppiert und optisch aufbereitet werden.[40]
Der Schüler kann bei dem Bericht, wie bei der Abfrage auch ein bestimmtes Kriterium eingeben und sich das Ergebnis ausdrucken. Der Bericht enthält dieselben Informationen wie die Abfrage, jedoch ist er optisch ansprechender gestaltet, wie in der Anlage 2 zu sehen ist. Für diese Abbildung wurde als Kriterium die Aufgabengruppe Marketing eingegeben.

Neben den erläuterten Objekten Tabellen, Abfragen, Formulare und Berichte gibt es noch Seiten, Makros und Module. Auf diese Objekte näher einzugehen ist jedoch im Rahmen der Seminararbeit auf Grund der Komplexität nicht möglich.

---

[40] vgl. a. a. O., S. 158

8. Glossar

Assoziation	Ist eine Beziehung zwischen Objekten
Auswahlabfrage	Wählt eine Gruppe von Daten aus einer oder mehreren Tabellen aus
Dateninkonsistenz	Unstimmigkeit der Daten untereinander
Datenintegrität	Bezeichnet widerspruchsfreie Datenhaltung
Dynaset	Dynamische Tabelle, in der nur die Daten der aktuellen Abfrage angezeigt werden
Entität	Ein in der realen Welt existierendes eindeutig identifizierbares Objekt
Implementierung	Das Umsetzen des Datenbankentwurfs in ein Datenbankmanagementsystem
Konzeptionelles Datenmodell	Ist ein Datenmodell, dass die Datenarchitektur und die Ergebnisse der Datenanalyse, aber nicht die computertechnischen Details umfasst
Normalisierung	Eine Maßnahme, um relationale Datenbanken zu erhalten
Parameterabfrage	Zeigt ein Dialogfenster zur Eingabe von Kriterien für die Abfrage an
Primärschlüssel	Ist ein Schlüssel, der als identifizierendes Merkmal ausgewählt wurde
Redundanz	Über den gleichen Sachverhalt existieren mehrere Datensätze, auch Mehrfachspeicherung genannt
Relationales Datenmodell	Ist ein Datenbankmodell, in dessen Rahmen die Daten einer Datenbank dem Betrachter in Tabellenform vorliegen
transitive Abhängigkeit	Ein Nicht-Schlüsselfeld ist von einem anderen Nicht-Schlüsselfeld abhängig

9. Quellenverzeichnis

Abbildungsverzeichnis

Tabellenverzeichnis

Literaturverzeichnis

Achenbach, Alexander, IT-Trainer und Entwickler, Persönliche Mitteilung: 13.10.05

Aho, Ullman, Informatik. Datenstrukturen und Konzepte der Abstraktion, Hrsg. von Mahr, Schill, Vossen, Bonn 1996

Braun, Wolfgang, Methodisch-didaktische Vorüberlegungen bei der Erstellung einer Datenbank Teil 1, in: Winklers Flügelstift, Darmstadt, 1. Quartal 2003, Heft 1

Eschenbacher, Walter, et. al., Deutsch für die berufliche Oberstufe, Troisdorf 1997

Kleinlein, Meier, et. al., EDV-Grundwissen, Eine Einführung in Theorie und Praxis der modernen EDV, München [5]1999

Lebsanft, Curth, (Hrsg.), Wirtschaftsinformatik in Forschung und Praxis, München 1992

Noack, W., (Hrsg.), Access 2000. Grundlagen für Datenbank-Entwickler, Hannover [3]2001

o. Verf., **FOS-BOS**. Abschluss-Prüfungsaufgaben mit Lösungen zum Erwerb der Fachhochschulreife 2005. Betriebswirtschaftslehre mit Rechnungswesen. Bayern, Freising [23]2004

Schels, Ignatz, Access 2002, München 2001

Internetverzeichnis

BPX@Dalla Vecchia GmbH. BPX – Best Practice Experts – Glossar <D> http://www.bpx.ch/glossar/glossar_d.htm (09.10.05)

Bullhost.de, Malfitano, Giovanni, Neuss http://www.bullhost.de/t/top-down-methode.html (26.07.05)

Debacher, Uwe, Datenbankentwicklung, Reinbek http://www.debacher.de/datenbanken/datenbank.htm [Stand: 07.05.99]

DMSBASICS – Strukturierung der Informationslandschaft, München, Tremba, Rudolf http://www.dmsbasics.de/information/infostruktur.htm [Stand: 26.09.05]

Eberhard Karls Universität Tübingen, Wirtschaftswissenschaftliche Fakultät. Basiswissen Wirtschaftsinformatik 1. Betriebswirtschaftliche Grundlagen, Jahnke, Bernd http://www.uni-tuebingen.de/wi/lehre/lehrveranstaltungen/basiswissen/downloads /pdf/Skript_BW1_151204.pdf (26.09.05)

Fachhochschule Deggendorf, IT-Kompaktkurs, Herde, Georg http://www.mplusr.de/00016_00048_it_kompaktkurs_5.htm (26.09.05)

FH-Merseburg, Übung Datenbanken. Einheit 4, Neumann, Tobias, Neumann, Gabriel http://www.in.fh-merseburg.de/~neumannt/skripte/Einheit4.pdf (17.09.05)

Humboldt-Universität zu Berlin 1997, Fühles-Ubach, Simone http://www.ib.hu-berlin.de/~wumsta/ubach/kap4_1.htm (06.10.05)

Moser, Wilhelm, Daten und Informationstechnologie, Wien http://www.moser-willi.at/doc/howto/docs/datenbankdesign_normalformen/ index.html (05.10.05)

Oberstufenzentrum Handel I, Berufliches Gymnasium – Wirtschaftsgymnasium-Abteilung V, Spolwig, Siegfried http://www.oszhdl.be.schule.de/gymnasium/faecher/informatik/datenbanken/ index.htm [Stand: 23.08.05]

Richard-Wossidlo-Gymnasium Ribnitz-Damgarten, Fachbereich Informatik. Relationale Datenbanken, Hempel, Tino http://www.tinohempel.de/info/info/datenbank/ (20.09.05)

Staatliche BOS Nürnberg, Berufsoberschule für Technik und Wirtschaft. Starke, Wolf http://www.fen-net.de/bos-nuerberg/Downloads/Relationale_Datenbanken.ppt (17.09.05)

Uni Würzburg, Vorlesung Datenbanken, Seipel, Dietmar

http://www-info1.informatik.uni-wuerzburg.de/database/courses/db_ss2005/
datenbanken_1_bis_9.pdf (17.09.05)